CALABRIA

UN RACCONTO A COLORI TRA BELLEZZA E IDENTITÀ
A TALE OF BEAUTY AND SOUL IN COLOUR

A cura di / By
Antonio Renda
Raffaele Cardamone
Guglielmo Sirianni

REGIONE CALABRIA
CALABRIA
Touring Club Italiano

Touring Club Italiano
Presidente/President: Franco Iseppi
Direttore generale/Managing Director: Giulio Lattanzi

Il volume è stato realizzato da/Project by:
Antonio Renda, Raffaele Cardamone, Guglielmo Sirianni

Tutte le foto riprodotte nel volume sono di/All photos by: Antonio Renda
ad eccezione di/Except: pag. 10 - Archivio Regione Calabria

Testi/Texts: Raffaele Cardamone

Progetto grafico/Layout: Guglielmo Sirianni

Traduzione/Translation: Studio Queens srl

touringclub.it
touringclubstore.com

Codice 3172A
EAN 9788836574797

Finito di stampare nel mese di ottobre 2019/ Printed and binding in october 2019 by
Rubbettino Print, Soveria Mannelli (CZ)

UNIONE EUROPEA
POR CALABRIA FESR 2014 - 2020
Asse 6 - Azione 6.8.3

REPUBBLICA
ITALIANA

REGIONE
CALABRIA

CALABRIA

Progetto finanziato con fondi UE, Project financed by EU funds
"POR Calabria/FESR 2014/2020 - Azione 6.8.3"
www.turiscalabria.it

Tu dirai subito
che soltanto un pazzo
può pensare che il vento
possegga un colore.
Esso non è altro che moto!
E invece i pazzi hanno ragione
molto più spesso
degli uomini normali.
Per esempio, un poeta
non è un uomo normale!
Egli vede il colore del vento,
ascolta il tramonto del sole,
odora i cirri,
gusta il sapore del cielo
e tocca il canto dell'usignolo.

Kazimiera Alberti,
L'anima della Calabria, 1950

You might say only
a madman thinks
the wind has a colour.
When it is so obviously
merely movement!
Yet madmen are often wiser
than many a man held to be sane.
A poet, for example,
can hardly be said to be sane!
He sees colour in the wind,
listens to the sunset,
sniffs the scent of the cirrus clouds,
savours the flavour of the sky and
touches the trilling
of the nightingale.

Kazimiera Alberti,
The Soul of Calabria, 1950

Sybaris seu Thurij
TRAEIS. FL.
LAVS
SINVS
LAVS. FL.
CERILLI
Palinurus Por
Palinurum pr
Buxentium
CRIMISA
prom
CROTO
MARE
IAPYGIVM PR.
IONIVM
INSVLAE
TERINAEVS
LAMETINVS
HIPPONIATES
VIBONENSIS sinus
Lametium pr
SRONGYLE
HERCVLIS
EVONYMOS
BRVTIVS
SINVS
Phalacrium prom
FANVM DIANAE
FACELINAE
Castra
Annibalis
SCYLACIVS
SINVS
Cocinthum pr.
Caulonia
LOCRENSIS SINVS
LOCRI EPIZEPHYRII
HERCVLIS PR.
Sila Silua
Consentia
Hipponium
Vibo Valentia
Nicotera
Scylacium
Tropaea
Por Herculis
HICESIA
Lipara
MESSANA
Sybaris Fl.
Crathis Fl.
Nerulum
Vrsa
Grumentum
Aprustum
Lagaria
Velia seu
Helia
Sontia
Crimisa
Brustacia
Macalla seu
Malaca
Petelia
Pandosia
Sylla
Columna
Scyllium

Introduzione/Introduction

Franco Iseppi Presidente Touring Club Italiano

Il Presidente della Regione Calabria osserva giustamente che essa ha un elemento di forza nella sua "identità plurale". Comunità umane diverse qui insediate nel tempo, territori geo-morfologicamente diversi: mare, montagna, ambienti omogenei o contrastanti che si susseguono, prodotti della natura, dell'arte e della storia che si sono depositati e si evidenziano in questi luoghi.
Gli autori di quest'opera, che mostrano di avere una pregevole capacità di usare la fotografia come racconto e la parola come sobrio commento a quello che vediamo, hanno scelto di offrirci il loro viaggio in Calabria scandendolo nei suoi prevalenti colori. Un mosaico vero e proprio, espressivo e affascinante, che accosta queste "tessere" cromatiche restituendoci un insieme armonico di "bellezza e identità".
Il Touring Club Italiano assume dunque volentieri il compito di produrre e diffondere quest'opera.
Coerente con la sua storia tesa a divulgare la conoscenza dell'Italia, prima di tutto con una corretta descrizione guidistica e cartografica e con una costante attenzione alla fotografia, documento ma anche interpretazione "d'autore" capace di usare l'immagine come legittima espressione di contenuti.
Coerente anche, in questo caso, alle peculiarità identitarie dei *territori* che compongono il nostro Paese. La Calabria tra i primi, come testimonia il prezioso resoconto di viaggio che, nel lontano 1897 (tre anni dopo la fondazione) Luigi Vittorio Bertarelli (il più eminente tra i nostri fondatori) ci ha lasciato. L'abbiamo ripubblicato in anni recenti (*Insoliti viaggi: l'appassionato diario di un precursore* - Touring Editore - 2004) e l'ho riletto in questa occasione.

The Regione Calabria President rightly emphasises that its "plural identity" is a local forte. Different human communities settled over time in the region's geo-morphologically diverse areas: sea, mountain and similar and contrasting environments alternate - prominent products of nature, art and history built up over the centuries.
This book's photographers - who reveal an admirable capacity to turn photography into narration and words into unpretentious commentary on that illustrated - take us on their journey through a Calabria featured via its predominant colours. This expressive and fascinating mosaic brings the coloured "tesserae" together to convey a harmonious whole of "beauty and soul".
Touring Club Italiano was delighted to produce and distribute this work in keeping with a history centred on acquainting travellers with Italy, primarily via accurate research and cartographic descriptions coupled with strong focus on photographs - the latter seen as documentary records but also "signature" interpretations that employ pictures to rightfully express content.
We have also been true to the distinguishing traits of the *areas* that make up Italy, Calabria first and foremost as demonstrated by the precious travel journal that Luigi Vittorio Bertarelli (our most eminent founder) left us way back in 1897 (three years after TCI's foundation). Republished in recent years (*Insoliti viaggi: l'appassionato diario di un precursore* - Touring Editore - 2004), I read it once again during this project. This still exciting cycle tour narrates an experience dating back more than 100 years and with the most detailed descriptions and no illustrations. The spectacular scenery is always

Locri
Museo Archeologico / *Archaeological Museum*

Un viaggio in bicicletta che racconta un'esperienza di più di un secolo fa, fatto di descrizioni minuziose e senza immagini, che ancora ci dà emozione con la spettacolarità dei paesaggi, sempre accompagnato, e ciò mi ha colpito, dalla puntuale notazione dei colori: i tanti verdi diversi delle aree boschive, le tante sfumature di colore dell'incontro tra sole e mare in differenti condizioni metereologiche e in diverse ore del giorno, i mutevoli colori dei fiori e della vegetazione.
L'Italia intera è un Paese unitario dall'identità plurale, lo abbiamo scritto tante volte. E tutto ciò che serve a evidenziare e interpretare le diverse e ricche distintività, nel cosiddetto "villaggio globale", nonché a difendere il patrimonio inalienabile dei nostri valori e a diffonderne la conoscenza. Il compito che oggi il Touring conferma è proprio quello di prendersi cura dell'Italia come bene comune. E questo libro è, a questo scopo, assolutamente coerente.

accompanied, and this is what is most striking, by a precise annotation of the colours: a host of different greens in the forests, the shifting shades observed when sun meets sea in diverse weather conditions and at changing times of the day, and the many alternating colours of flowers and vegetation.
Italy is a single country with a plural soul, as we have so often said. Its variety and wealth stand out in the so-called "global village", something we must highlight and interpret. We also have to safeguard the incontrovertible legacy of our values and make them known. Today, TCI confirms its commitment to caring for Italy as a shared asset - and this book is does exactly that.

San Nicola Arcella
Arcomagno

Petilia Policastro
Processione / *Procession*

Fotografare i colori/Capturing colour

Antonio Renda

Quello che segue è un racconto della Calabria attraverso una chiave di lettura inedita: i suoi colori, come modo inusuale ma anche stimolante di osservare il territorio, la sua cultura, l'identità dei calabresi.
I colori dunque, che si trasformano nei vari capitoli del volume: l'arancio, il blu, il giallo, il nero, il rosso, il verde, l'ocra, il grigio, l'amaranto, il bianco, il marrone e l'azzurro. Dodici diversi colori selezionati per scandire un unico racconto. Ogni colore segna un capitolo e ogni capitolo è un'occasione per approfondire la conoscenza di questo territorio.
È un lavoro che porto avanti da anni. Lo conferma la varietà delle immagini, che si sviluppano nel tempo e affrontano i temi della cultura calabrese: dall'arte alla gastronomia, dal paesaggio ai riti religiosi, dall'architettura ai costumi popolari.
In questo mio girovagare ho cercato con ostinazione la bellezza, evitando istintivamente quei luoghi che conservano ancora una connotazione negativa, perché non sono così ingenuo da pensare che in Calabria non esistano cose brutte.
Ma questa bellezza, che ha da sempre attirato la mia attenzione, non è puramente oleografica bensì quella che coincide con l'identità di questa terra, come i colori delle porte e dei frutti, come le rughe degli anziani e dei muri tirati su a secco, come la fantasia dei racconti dei suoi scrittori o i tratti sapienti dei suoi pittori e scultori.
È stata una ricerca estetica che ha inteso ripercorrere quella stessa che ci hanno tramandato i nostri avi, di generazione in generazione, fin dai popoli più antichi, per fare in modo che queste memorie condivise continuino a essere patrimonio di tutti.

What follows is a story about Calabria from an unusual point of view: its colours. A unique and inspiring way of observing the landscape, the culture and the soul of the Calabrian people.
Each colour becomes a chapter in the book: orange, blue, yellow, black, red, green, ochre, grey, crimson, white, brown and sky blue. Twelve different colours, selected to tell the same story. Each colour represents a chapter and each chapter offers an opportunity to learn more about the region.
I've worked on this for years, as shown by the variety of pictures, which evolve over time to address the themes of Calabrian culture: from art to gastronomy, from landscape to religious rites, from architecture to local customs.
During my wanderings I have obstinately searched for beauty, instinctively avoiding those places which hold a negative connotation, knowing well that Calabria is by no means devoid of ugliness.
But the beauty I've always been drawn to is not merely skin-deep, it is part of the region's soul, like the colours of the doors and the fruit, the wrinkles that line the faces of the older inhabitants and the lines of the dry-stone walls, the creativity of its writers or the skilful brushstrokes of its painters and sculptors.
In this search for aesthetics, I hope to have retraced the experience of our ancestors, one generation to the next, right back to the region's oldest civilisations, to ensure that this collective memory endures as part of our heritage.
The women dressed in black, the fishermen of Scilla, the sea at Tropea, the bergamots at Condofuri, the *Codex Purpureus* in Rossano, the nature that to this

Santa Severina, Castello / *Castle*
Affresco / *Fresco*

Le donne vestite di nero, i pescatori di Scilla, il mare di Tropea, il bergamotto di Condofuri, il Codex Purpureus di Rossano, la natura che domina ancora sulla Sila, i mosaici di San Demetrio Corone, i costumi e gli ori delle minoranze italo-albanesi, i riti pasquali, i castelli e le torri costiere, la ginestra odorosa e i limoni di Rocca Imperiale, la colonna di Hera Lacinia e il tempio di Kaulon, le ceramiche di Seminara e i tessuti di Longobucco, le opere di Simone Martini e quelle di Mattia Preti, le colline del Marchesato e la catena del Pollino, possono essere citati solo ad esempio. Ma sono proprio soggetti come questi a dettare i cromatismi che scandiscono il nostro viaggio sulle coste calabresi, nei centri storici e sulle montagne dell'interno.
Si è trattato di un percorso complesso ma esaltante, che finalmente trova la sua conclusione naturale, grazie alla preziosa collaborazione di Raffaele Cardamone, che ha scritto i testi, e di Guglielmo Sirianni, per l'originale progetto grafico. Un ringraziamento va infine all'editore che ha creduto in questo nostro lavoro.

day dominates the Sila massif, the mosaics at San Demetrio Corone, the traditional attire and gold of the Italian-Albanian minorities, the Easter rites, the towers and castles along the coast, the scented broom and the lemons of Rocca Imperiale, the columns of Hera Lacinia and the temple of Kaulon, Seminara's ceramics and fabric from Longobucco, Simone Martini and Mattia Preti's works, the hills of the Marchesato and the mountain range of Pollino are just some examples. These are the subjects that will dictate the palette of our journey along the Calabrian coast, the old towns and the mountains of the interior.
It has been a complex yet exhilarating journey, which has reached its natural conclusion, thanks to the invaluable collaboration of Raffaele Cardamone, author of the texts, and of Guglielmo Sirianni, creator of the original graphic project. A final thanks to our publisher, who supported us all the way.

Roseto Capo Spulico
Castello normanno / *Norman castle*

Tra bellezza e identità/Beauty and Soul

Da sempre è noto quanto la bellezza sia un attributo del tutto soggettivo. Si tratta infatti di una qualità che muta rapidamente al mutare dei suoi canoni nel tempo. Ma c'è qualcosa nella Calabria che ha saputo resistere a questa caducità. Un particolare fascino, a volte controverso, fatto anche di contraddizioni e contrasti, che ha contribuito a farla percepire e descrivere in tutta la sua bellezza dai tanti visitatori che si sono succeduti nei secoli e che hanno deciso di arrivare fin qui, in questa periferia del mondo, che ha proprio nella posizione geografica, in mezzo al Mediterraneo, la più importante delle sue peculiarità.
Già dal Settecento e fino alla prima metà del Novecento, non era infrequente che intellettuali del Nord Italia e d'Europa, si spingessero fino in Calabria per un loro personale Grand Tour, lontano dalle rotte tradizionali, sconfinando coraggiosamente in una terra dove il semplice viaggio si trasformava rapidamente in una vera e propria avventura.
E qui riuscivano a scoprire, a seconda anche delle passioni personali, le vestigia della Magna Graecia e dell'antica Roma, quelle più recenti dei tanti popoli che si alternarono nel dominio di queste terre, ma soprattutto un paesaggio naturale, originale e variegato come in nessun altro luogo del mondo conosciuto.
Così, quegli stessi viaggiatori, arrivando in Calabria, magari dopo lunghi ed estenuanti viaggi, erano sempre pronti a riconoscerle il valore dell'identità, di terra a sé stante, in cui le distanze irrisorie tra mare e montagna, le differenze dei climi, le varietà della vegetazione e della fauna, fanno sì che in pochi chilometri sia racchiuso un intero universo.
Un universo, fatto ancora oggi di bellezza e identità, che qui è raccontato lungo un itinerario fotografico, in cui i

Beauty has always been an entirely subjective matter, an ever changing quality, constantly evolving to suit the standards of the time. Yet there is something about Calabria which has stood the test of time. An unusual, even controversial, charm of contrasts and contradictions, something which has perhaps contributed to its beauty. A beauty described by the countless visitors that over the centuries have travelled all the way to what is virtually an outpost in the centre of the Mediterranean, a position which has only added to its charm.
European and Northern Italian intellectuals would often travel to Calabria from the 18th century until the first half of the 20th century in a personalized version of the *Grand Tour*, away from the traditional itineraries, braving a region where a simple trip could quickly turn into a full-blown adventure.
Here they would explore, depending on personal interests, the vestiges of Magna Graecia and the Roman Empire, and those of the more recent civilisations which dominated the region, but above all a superb natural landscape, unspoilt and varied, unlike any other known land.
And so those same travellers, upon arriving in Calabria, often after a long and exhausting journey, were willing to acknowledge the value of its soul, of a region in its own right, where the insignificant distance between the sea and the mountains, the different climates, the variety in flora and fauna, make it its own microcosm.
A universe which to this day is made of beauty and soul, explored in this photographic itinerary, where colours have been chosen as the ideal guide and narrative pretext, with

Cariati
Uliveto / *Olive grove*

colori sono stati scelti per svolgere la funzione di guida ideale e di pretesto narrativo, con l'intenzione di mostrare almeno alcuni dei tanti tratti salienti che connotano questa terra e la rendono speciale.
E ciò per quella stessa magia che faceva scrivere a Maria Brandon-Albini, una delle ultime viaggiatrici ad avere avuto l'opportunità di sperimentare, negli anni Cinquanta, una Calabria con ancora un piede nel suo passato: «Là, più che in qualunque altra parte, credo, la natura sembra aver materializzato i miti trasformandoli in terra, acqua, sole, rocce e luce».

the intention of showcasing some of the main attributes which make this region so unique.
We hope to encapsulate that magic quality which prompted Maria Brandon-Albina, one of the last visitors who had the privilege, in the 1950s, of exploring an unspoilt version of Calabria, still tied to its past, to write: "There, more than any other place in the world, I believe nature has given life to myths, turning them into earth, water, rocks and light".

Bova
Gregge / *Flock*

Pizzo Calabro
Tramonto / *Sunset*

Calabria dei colori / The Colours of Calabria

I colori non esistono. Sono solo il frutto della nostra percezione visiva. Del modo in cui la luce si riflette sulla superficie di un oggetto. L'unico colore che resiste all'assenza di luce è il nero; e per molti il nero non è neppure un colore.
Ciò nonostante, i colori hanno sempre avuto, e hanno saputo conservare, un'importanza rilevante nella storia dell'umanità. Dalla prima pittura rupestre tracciata con mano malferma da un uomo preistorico, sulle pareti della caverna in cui era solito trovare rifugio, ai pixel dello schermo di uno qualunque degli strumenti di comunicazione nei quali spesso noi, uomini del ventunesimo secolo, ci rifugiamo a nostra volta.
I colori sono vita e sangue, linfa vitale, sono la possibilità di essere parte di un tutto che ci circonda, di condividerlo con gli altri, di creare ed essere immagini, grazie alla luce, quando decide di colpirci senza neanche farci male.
Ma la Calabria è stracolma di luce e quindi anche ricca dei colori che essa riesce a rendere visibili ai nostri occhi. E qui, in questa terra, ci permette di vederli in un modo del tutto particolare. Certamente per via della sua intensità, che è effetto della latitudine, ma anche a causa della sua qualità speciale, dovuta a un inspiegabile miracolo che si ripete ogni giorno al sorgere del sole; come pure ogni notte quando la luna ne prende sommessamente il posto, in un cielo che ha ricevuto in sorte la facoltà di essere diverso da qualunque altro al mondo.
A causa o meglio per merito della combinazione di questi due fattori, uno puramente geografico e l'altro quasi magico, i colori della Calabria hanno tonalità che in qualche modo si differenziano da quelle che si creano per rifrazione in un arcobaleno o si mescolano sulla tavolozza di un

Colours do not exist, they are merely the result of our visual perception, of the way the light touches the surface of an object. The only colour that survives the absence of light is black; which some people may not even consider a colour.
Despite that, colours have always maintained a relevant position in our history. From the earliest cave art roughly drawn by prehistoric men in the caves where they sought refuge, to the pixels on the screen of one of the many devices where 21th-century humans also seek refuge.
Colours are life and blood, they are the opportunity to be a part of what is around us and to share it with others, to create and blend into an image, thanks to light, which strikes us but does not harm us.
But Calabria is full of light and therefore full of the colours it creates for our eyes. And here, in this land, light allows us to discover them in a new way. Partially due to its intensity, a result of its latitude, but also due to a special quality, an inexplicable miracle which repeats itself every morning as the sun rises; and every night as the moon quietly takes its place in a sky which has been given the power to be different from any other in the world.
Because of, or maybe thanks to, the combination of these two factors, one purely geographical, the other semi-magical, the shades of the colours of Calabria are different from those we see in a rainbow, or mixed by the expert hand of a painter, or those that illuminate our TV screens; something makes them different and therefore noteworthy: something to be remembered, stared at, immortalised in a picture.
This may be one of the reasons, or perhaps the main reason, that inspired this book and allowed me to use

Cirò
Vitigno tipico / *Grape variety*

pittore o si illuminano su uno schermo televisivo; c'è qualcosa che li rende atipici e quindi degni di nota: di essere annotati mentalmente, guardati, fissati in una fotografia.
Sarà questo uno dei motivi, forse quello prevalente, che hanno ispirato questo volume, che hanno consentito, partendo dai suoi colori, di descrivere, per mezzo delle immagini, una regione che ha tanto da raccontare. E con dei testi essenziali che rappresentano sempre una lettura parallela dell'immagine, fatta di impressioni, di sensazioni, di percezioni tutte soggettive, quasi frutto di un'energia direttamente trasmessa, ma a livello subliminale, dalle stesse immagini.
E il racconto della Calabria avviene attraverso i suoi paesaggi che spesso abbracciano in un unico sguardo mare e montagna, i suoi luoghi più o meno conosciuti, a volte privati della giusta attenzione, le sue figure umane e i suoi volti, quasi sempre portatori di un'espressività unica e irripetibile, la sua arte poliedrica e spesso ereditata da civiltà che hanno fatto la storia del Mediterraneo, i suoi costumi multiculturali ed evidentemente aperti a ogni influsso che ha saputo arricchirli. Tutte cose che si sono sedimentate nel tempo, in secoli di storia tormentata che hanno visto molti popoli diversi alternarsi nell'eleggere questo lembo di terra a loro dimora privilegiata.
La Calabria dei colori, dunque, come terra in cui proprio i suoi colori sono diventati una sorta di marchio di fabbrica che la rende riconoscibile al primo sguardo, che la segna in modo indelebile e la consegna all'occhio del visitatore per quello che realmente è: un crogiolo di culture e di opportunità visive, di espressioni che vengono dal profondo dell'animo umano e che troppo spesso non trovano la forza di redimersi dall'oblio, un luogo di una bellezza piena e assoluta.

colours to describe, with pictures, a region that has so much to tell. With simple texts that represent a parallel interpretation of the pictures, full of feelings, sensations, perceptions, the result of a subliminal energy straight from the pictures themselves.
The story of Calabria is told by its unique landscape, encompassing sea and mountains, its well-known sights and hidden gems, some worthy of a fame they lack, its people and their faces, uniquely expressive, its multifaceted art often inherited from civilisations that wrote the history of the Mediterranean, its multicultural traditions open to every enriching influence. These things settled over time, over centuries of tormented history during which an array of civilisations made this land, in its privileged position, their home.
The colours of Calabria, a place where colour has become the region's trademark, which makes it instantly recognisable, a brand reflecting its true soul to visitors: a cultural melting pot, full of visual opportunities, a welter of deep sentiments all too frequently thwarted and repressed, a place of absolute beauty.

Casignana, Villa Romana / *Roman Villa*
Mosaico / *Mosaic*

1
arancio
orange
4
giallo
yellow
nero
black
5
7
grigio
grey
10
ocra
ochre
11
azzurro
sky blue

2
blu
blue
3
bianco
white
amaranto
crimson
6
8
marrone
brown
9
verde
green
rosso
red
12

arancio
orange

L'arancio è il colore di una scia di luce sul mare, che proviene direttamente dal sole prossimo al tramonto e si disegna nella nostra direzione, fornendoci allo stesso tempo un punto di riferimento e un punto di contatto con l'astro che ci dà la vita.

È il colore degli agrumi che si mangiano a spicchi, i frutti del meridione per eccellenza, che hanno cresciuto generazioni tenendole lontane da molti dei mali possibili.

È il colore dei tessuti allegri e spensierati che si possono trovare sui banchi dei venditori e che indossiamo a volte quando vogliamo esprimere quella stessa sensazione di allegrezza e spensieratezza.

È il colore della gioia allo stato puro, che si impossessa di noi quando abbiamo abbandonato da poco un momento, per fortuna passeggero, di sconforto.

È tutto questo il colore arancio e molto altro ancora...

Orange is the colour of a blazing trail of light over the sea, light washing over the casual observer from the setting sun, our lodestone and source of all life.

It is the colour of the very finest southern fruit, citrus, eaten in slices, which has kept generations growing strong and healthy.

It is the colour of the cheerful, carefree fabrics on the market stalls, the ones we wear when we want to convey the same happiness and light heartedness.

It is the colour of pure joy, which overwhelms us when we emerge from a fleeting moment of discomfort.

Orange is all of this and so much more...

La **Calabria** è sempre stata una terra di passaggio, di invasioni, di dominazioni. Per questo, molti tratti somatici vi sono presenti. Qui è rappresentato un mondo mediterraneo, con tutti i suoi particolari "tipi umani", che ci ricorda ancora una volta quanto siamo terra di tutti e di nessuno.

Since the dawn of time ***Calabria*** *has been a crossroads, a land of invasion and conquest. A history reflected in the faces of its people. Features from every corner of the Mediterranean are found here, a constant reminder that this is everyone's and no one's land.*

Golfo di Lamezia Terme / *Gulf of Lamezia Terme*
Veduta dello Stromboli / *View of Mt. Stromboli*

Bivongi, Chiesa di San Giovanni Theristis / Affresco
Church of San Giovanni Theristis / Fresco

ὁ Ἀρεοπαγίτης

Il ventre aperto
dei fichi
messi a seccare
e i frutti
ormai maturi
che d'**arancio**
segnano
il loro divenire.

The open core
of a drying fig
and fruits
*turning **orange***
as they ripen.

Valle del Crati / *Crati Valley*
Fichi dottati / *'Dottato' figs*

Piana di Sibari / *Plain of Sibari*
Clementine / *Clementines*

Si staglia
la figura umana
sull'**arancio** intenso
del sole al tramonto
quasi a voler ribadire
il suo eterno desiderio
di dominio sul mare.

A human figure
stands out
against the intense ***orange***
of the setting sun,
a reminder
of man's eternal desire
to dominate the sea.

Soverato
Pescherecci / *Fishing boats*

Parco Nazionale della Sila / *Sila National Park*
Faggeta / *Beech wood*

Icone bizantine
dominate dall'oro
e dall'**arancio**
ci ricordano
da dove veniamo
e ci ammoniscono
su dove
stiamo andando.

Byzantine icons
dominated by gold
*and **orange***
remind us
of where we come from
and where we are going.

Altomonte
Museo civico / *Civic Museum*
Deposizione di Cristo / *Deposition of Christ*

Frascineto
Chiesa Madre / *Mother Church*
Icona bizantina / *Byzantine icon*

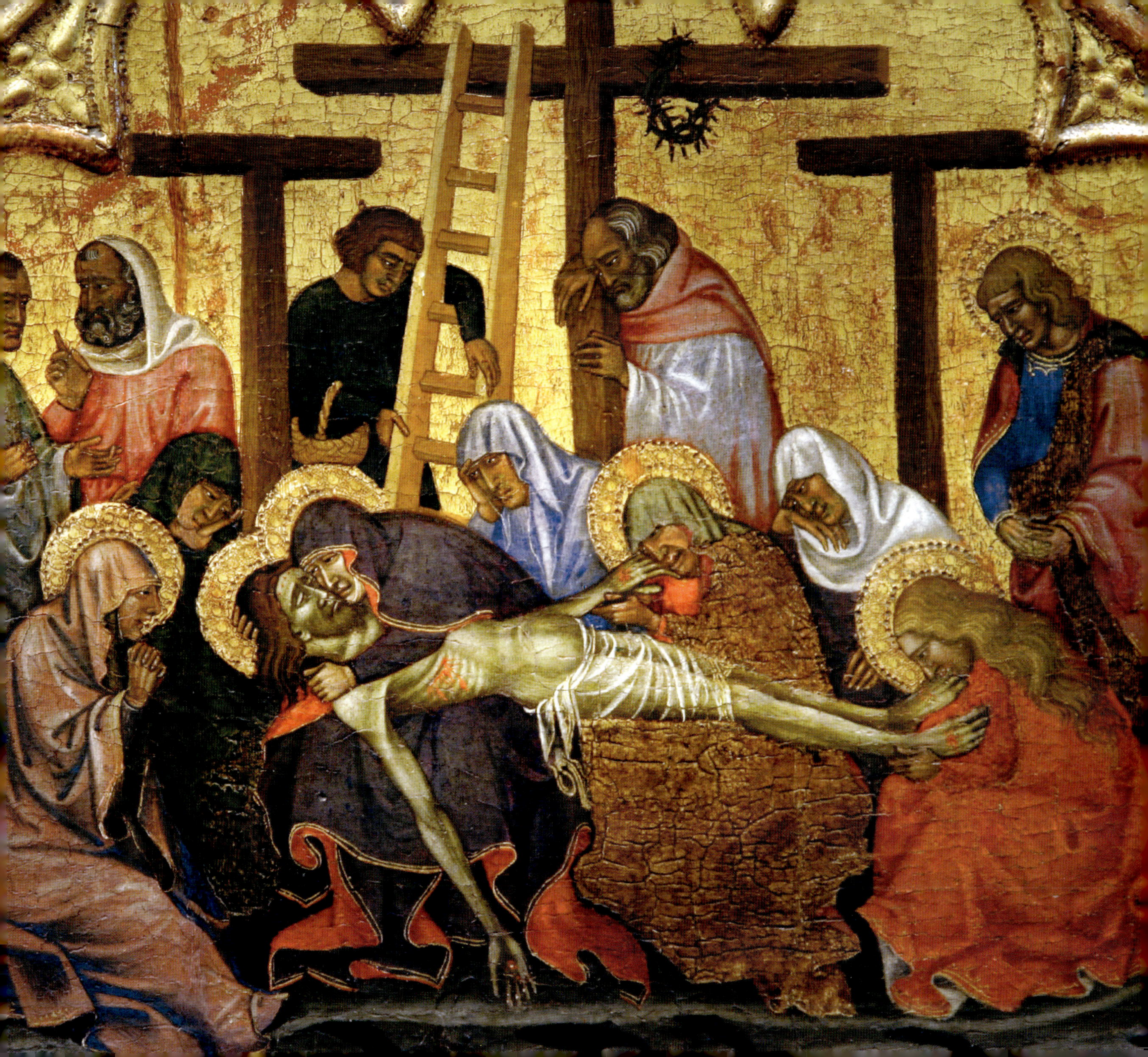

Barche
tirate in secca
sulla sabbia
dipinte d'**arancio**
a pennello
in attesa di toccare
ancora
e al più presto
quel mare
che è fonte di vita
e di speranza.

Boats
pulled up
on the beach,
painted in ***orange****,*
waiting impatiently
to touch again
the sea,
the source of life
and hope.

Roccella Ionica
Pescatori / *Fishermen*

Tiriolo
Veduta del centro storico / *View of the old town*

Le trame sottili
e multicolori
con l'**arancio**
a spiccare
tracciano sul tessuto
linee parallele
senza un inizio
né una fine.

Orange *stands*
out in the fine
and colourful weaves
that trace parallel lines
with no beginning
or end
on the fabric .

Serrastretta
Ricamatrice / *Embroiderer*

Tiriolo
Tessuto tradizionale / *Traditional cloth*

Palmi
Scoglio dell'Ulivo / *Olive Rock*

blu

blue

Il blu è il colore della linea d'orizzonte: il punto di riferimento più importante di ogni viaggiatore. A volte è la meta da raggiungere e altre volte è il punto di fuga da cui allontanarsi il più in fretta possibile e in qualsiasi direzione.

È il colore della copertina un po' sbiadita di un libro, dimenticato per anni su uno scaffale polveroso e poi improvvisamente riscoperto con la meraviglia di chi è capace di rimettersi sempre in discussione.

È il colore del mare là dove è più profondo, quando il cielo è terso e il sole quasi al tramonto, con la sua luce meno potente, non riesce a penetrarne gli strati più nascosti.

È il colore di una serata tiepida di inizio estate, con l'aria che ci appare per la prima volta diversa, più consistente, e disposta ad accarezzarci lievemente sotto forma di vento leggero.

È tutto questo il colore blu
e molto altro ancora...

Blue is the colour of the horizon: the traveller's lodestone. Now a destination, now a route to freedom from what we desperately seek to leave behind.

It is the faded colour of an old book's cover, forgotten on a dusty shelf for years and suddenly rediscovered with amazement by someone in love with challenges.

It is the colour of the deep sea, when the sky is clear and the sun is setting. When the light is fading, leaving its depths in darkness.

It is the colour of a warm evening in early summer, when the air feels different, heavier and ready to caress us with a light breeze.

Blue is all of this
and so much more...

La **Calabria** è paese di mare, con i suoi effetti quasi sempre buoni e a volte anche cattivi; ma in ogni caso, nessuno dei suoi abitanti, anche chi vive nelle zone più interne, può rinunciare a lungo all'odore salmastro e alla visione di quella distesa che, con la sua presenza liquida, fa attribuire maggiore valore alle terre emerse, quando vi si rivolge nuovamente lo sguardo.

Calabria's *identity is tightly bound to the sea, mostly for better but occasionally for worse. But none of its inhabitants, even those who live inland, can go long without seeking the salty sea air and a glimpse of that expanse of blue whose watery presence makes us so much more appreciative of the terra firma.*

Zambrone
Scoglio del Leone / *Lion's Rock*

Scilla / Chianalea

La liquida tranquillità
di un lago
con la sua aura **blu**
ispira sogni
a occhi aperti
e favole
per bambini buoni.

*The liquid tranquillity
of a lake
with its **blue** aura
inspires daydreams
and fairy tales
for good children.*

Briatico
Spiaggia di Sant'Irene / *Sant'Irene beach*

Parco Nazionale della Sila / *Sila National Park*
Lago Arvo / *Lake Arvo*

Il cielo **blu**
è impenetrabile
più delle alte mura
del castello
che difendono
un mondo interiore
precluso solo a chi
per scelta
o distrazione
ne rimane fuori.

*The **blue** sky*
is as inscrutable
as the high walls
of a castle,
defending
an inner world
only closed to those
who by choice
or distraction
are left out.

Santa Severina
Castello / *Castle*

Nel manto **blu**
di una Madonna
nelle vesti di un Cristo
la sacralità
diventa concretezza
e quasi normalità.

From the Virgin Mary's
blue *veil*
to Christ's robes,
holiness
becomes concrete
and close to normal.

Caulonia
Cristo Pantocratore / *Christ Pantocrator*

San Luca
Santuario Madonna di Polsi / *Sanctuary of Madonna di Polsi*
Icona bizantina / *Byzantine icon*

IC
XC
ΟΦΙΛΑ

Isola Capo Rizzuto / Le Castella
Castello Aragonese / *Aragonese castle*

La linea **blu**
in cui il cielo
si confonde col mare
linea d'orizzonte
direbbe il marinaio
segna forse
il confine
tra vita e desiderio.

*The **blue** line*
where the sky
meets the sea,
which sailors
call horizon,
marks the line
between life
and desire.

Catanzaro
Castello Normanno / *Norman castle*

Tropea

Tropea
Veduta di Santa Maria dell'Isola / *View of Santa Maria dell'Isola*

La vedetta resta
in paziente attesa
sicura
di poter lanciare
il suo grido
liberatorio
quando scorgerà
il **blu** negli occhi
delle vittime
predestinate
di una buona pesca.

The lookout
patiently awaiting
the right moment
to hurl his liberating cry
when he sees
*the **blue** eyes of the victims*
of a good fishing trip.

Scilla
Pescatori / *Fishermen*

Bagnara
Pesce spada / *Swordfish*

San Nicola Arcella
Isola di Dino / *Island of Dino*

Il bianco è il colore di una piuma di gabbiano caduta giù da un volo rapido, di sopravvivenza, e adagiata sulla sabbia ancora bagnata dalle onde della notte, mossa appena dall'alito di un leggero vento di mare.

È il colore di un sentiero di ciottoli che si inerpica su per un pendio e ci permette di raggiungere un punto privilegiato di osservazione sulla realtà.

È il colore di una luna piena che sorge, immensa all'orizzonte, e che doveva apparire all'uomo primitivo come una dea che si apprestava a dominare i cieli e, dall'alto di questi, a vigilare su tutto il mondo terreno.

È il colore di una nevicata che ricopre con la sua coltre protettiva i campi e le città, beneficiando i primi, "sotto la neve pane" dicevano i contadini, e facendo un dispetto alle seconde, tranne che ai bambini che le fanno festa.

È tutto questo il colore bianco
e molto altro ancora...

White is the colour of seagull's feather, shed during a swift flight, a flight for survival; a feather that landed on the sand, still wet from the night waves, wafted back and forth by the gentle breeze from the sea.

It is the colour of a steep pebble path leading to a belvedere offering a privileged view of reality.

It is the colour of the full moon as she rises in the night sky, immense against the horizon, undoubtedly a goddess to prehistoric man, dominating the skies and watching the world from afar.

It is the colour of snow, covering the fields and cities in a protective blanket, making the farmers happy, for local lore holds that "the snow hides bread", and inconveniencing city dwellers, except for the children, overjoyed at missing school.

White is all of this
and so much more...

bianco
white

Morano Calabro
Veduta e Parco Nazionale del Pollino / *View and Pollino National Park*

La **Calabria** è anche questo: paesaggi che fanno pensare a terre lontane, ad altri continenti. Ma non potrebbe essere altrimenti, perché la sua forza è insita proprio nella varietà, che è presenza, in così poco spazio, di tutto quanto può essere qualcosa e, un momento dopo, il suo esatto contrario.

***Calabria** is also this: landscapes evocative of faraway places and faraway continents. And how not, when its very force lies in the variety of its landscapes. Proof, in such a small area, that everything can be something and, moments later, its exact opposite.*

Il candore purificante
dei fiori **bianchi**
offerti dalla natura
o da una mano ignota
a un'icona
che sullo sfondo
sembra ringraziare.

The pure candour
of ***white*** *flowers*
offered by nature
or an unknown hand
to a thankful icon
in the background.

Roccella Ionica
Gelsomino e icona votiva
Jasmine and religious painting

Gioiosa Ionica
La zagara / *Orange blossoms*

La neve che ricorda
la manna della Bibbia
anch'essa
immaginata **bianca**
è un regalo dal cielo
che a volte
interpretiamo
come semplice
strumento di gioco.

The snow
is reminiscent
of biblical manna
traditionally depicted
as ***white****.*
A gift from the sky
which we often
interpret
as a simple
pastime.

Sila Piccola
Ruscello / *Stream*

Parco Nazionale della Sila / *Sila National Park*
Veduta dal monte Botte Donato / *View from Mt Botte Donato*

Reggio Calabria
Cattedrale / *Cathedral*

EUNTES

Le pieghe scolpite
nel marmo **bianco**
e le tessere
di un mosaico
raccontano
evocandolo
un mondo in cui
bizzarria
ed equilibrio
trovavano sempre
un accordo.

The folds carved
into the ***white*** *marble*
and the tiles
of a mosaic tell
the evocative story
of a world where
eccentricity
and equilibrium
always found
a balance.

Casignana
Villa Romana / *Roman Villa*
Mosaico / *Mosaic*

San Demetrio Corone
Chiesa di Sant'Adriano / *Church of Sant'Adriano*
Particolare del portale / *Detail of the portal*

Le facciate **bianche**
delle case
caratteristiche
di paesi arroccati
alleviano gli effetti
del sole d'estate
riflettendo
almeno un po'
della sua calura.

*The **white** facades
of the typical houses
in the towns
perched on the mountains
mitigate the effect
of the summer sun
by deflecting
some of its heat.*

Oriolo
Centro storico / *Old town*

Roccelletta di Borgia
Parco Archeologico di Scolacium / *Scolacium Archaeological Park*

La processione
si districa
per le stradine di paese
strette come rughe
scavate
su un volto antico
e mitigate
solo dal **bianco**
di un cappuccio
abbassato
sulla fronte.

A procession
winds through
village lanes
as narrow as
the furrows lining
an aged face
framed by
a loosely-draped
***white** hood.*

Stilo
Riti della Settimana Santa / *Holy Week Rites*

Badolato
Riti della Settimana Santa / *Holy Week Rites*

Semplici
fibre **bianche**
si trasformano
nelle trame
di tessuti preziosi
che si donano
alla vista
ritrovando
un proprio senso
compiuto.

Simple
white *fibres*
transformed into
precious fabrics clothed
with significance
by our admiring gaze.

Lamezia Terme
Zangarona
Tessuto tradizionale / *Traditional cloth*

Soveria Mannelli
Lanificio Leo / *Leo Wool Factory*

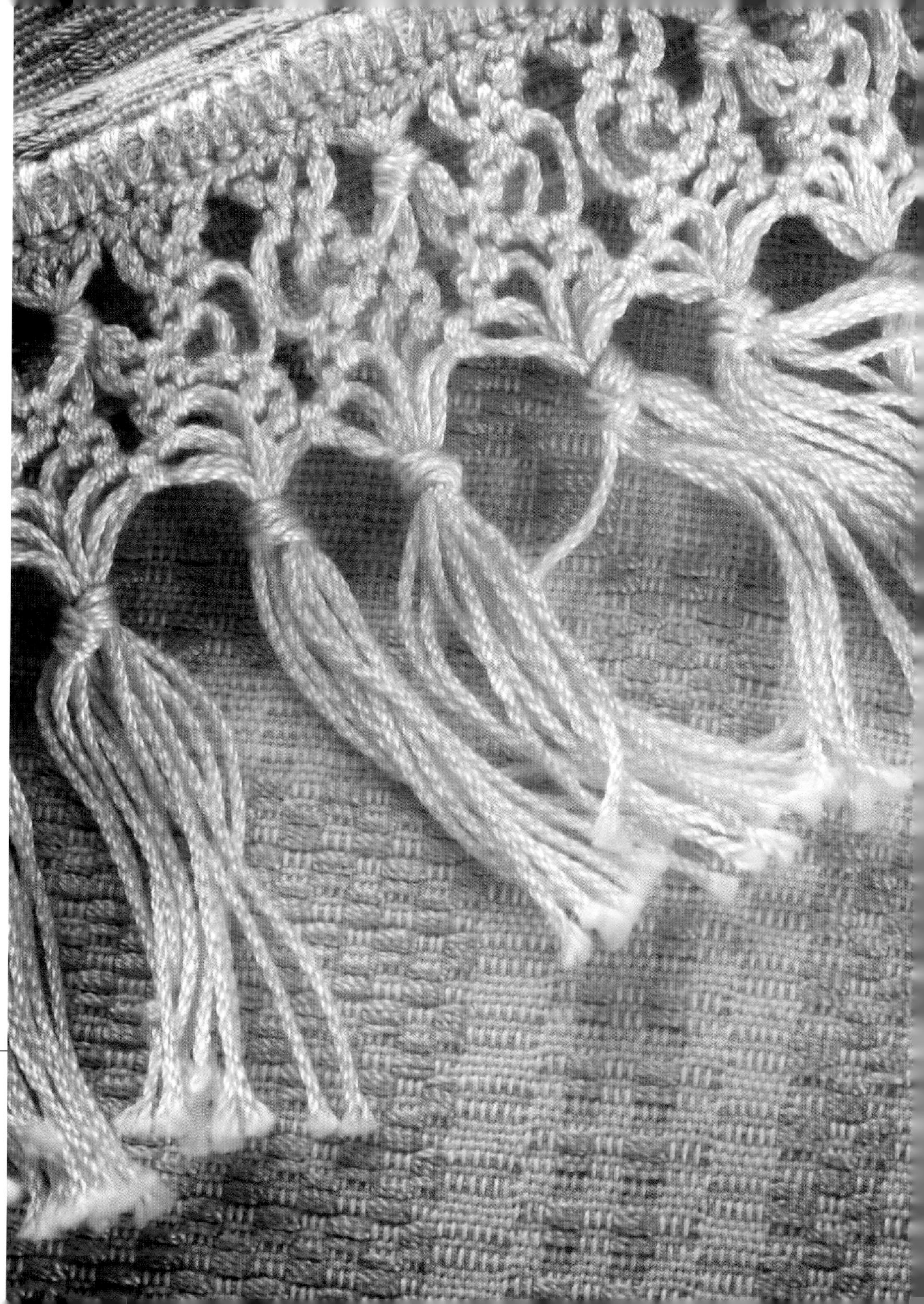

Roggiano Gravina, Villa Romana / Mosaico
Roman Villa / Mosaic

giallo
Yellow

Il giallo è il colore della luce del sole o di una lampadina, non importa. L'importante è che ci illumini i pensieri e faccia strada al nostro personale modo di vedere le cose.

È il colore di molti fiori di prato, fiori poveri, poco pregiati e poco ambiti, che raramente si percepiscono ormai come un dono prezioso.

È il colore che mette subito allegria e cambia in meglio l'umore cattivo, mitiga i pensieri molesti e ci contagia di positività, soprattutto quando abbiamo la necessità di elevarci al di sopra del presente per guardare verso l'avvenire.

È il colore della maglietta sudata che corre veloce, in piena estate, addosso a un bambino. Un colore in fuga che spicca nella stradina di un vicolo stretto o su un prato d'erba alta costeggiato da grandi alberi ombrosi.

È tutto questo il colore giallo
e molto altro ancora...

Yellow is the colour of the sun or of a light bulb, it doesn't really matter. What matters is that it sheds light on our thoughts and illuminates the path to our own personal view of the world.

It is the colour of many humble wild flowers, often neglected, and rarely perceived as a precious gift.

It is the colour that brings joy and banishes bad moods, mitigates troublesome thoughts and infects us with its positivity, especially when we have to rise above the present to look to the future.

It is the colour of a sweaty summer t-shirt, worn by a running child. A moving dot that stands out in a narrow alleyway or in a field with long grass, lined by shade-giving trees.

Yellow is all of this
and so much more...

La **Calabria** è anche ciò che viene genericamente definito come "natura incontaminata".
Ma ha del miracoloso il fatto che, in larga parte, sia ancora costituita da luoghi che la mano dell'uomo ha appena osato sfiorare, rispettando la creatività del caso, che sa usare gli elementi cromatici di cui dispone come solo un grande pittore sarebbe in grado di fare.

***Calabria** is still largely comprised of "uncontaminated nature".*
And miraculously there are many places in the region that have barely been touched by man, shaped by the creativity of casual fate, which uses colours like the palette of a great painter.

Ricadi
Tramonto sul Tirreno / *Sunset on the Tyrrhenian Sea*

Fiori **gialli**
fiori di campo
semplici
nella loro bellezza
che invade i luoghi
del vivere comune
e della Storia.

Yellow *flowers,*
wild flowers,
simple
in their beauty
which invades
the common spaces
of our history.

Isola Capo Rizzuto
Le Castella
Castello Aragonese / *Aragonese castle*

Davoli
Ginestra Odorosa / *Broom*

Ciò che l'Uomo
può creare
con il metallo **giallo**
più prezioso
ha spesso un modello
preesistente
che la natura
ha voluto prestargli.

What man creates
with the most precious
***yellow** metal*
is often
inspired
by nature.

Crotone
Museo Archeologico / *Archaeological Museum*
Corona di Hera Lacinia / *Crown of Hera Lacinia*

La sorpresa
di un limone **giallo**
tra il fogliame
e forme commestibili
plasmate
dalle mani sapienti
del mastro caciaio.

*A **yellow** lemon*
hidden amongst
the leaves
and edible shapes
created by
the skilful hands
of the cheese maker.

Frascineto
Latticini tipici / *Traditional cheese*

Rocca Imperiale
Limoni / *Lemons*

MSC

La nave cargo passa
incurante del territorio
che costeggia
dove con un **giallo** intenso
è stata tracciata
una seconda scia.

The cargo ship
sails on,
oblivious to the
land it is flanking
where flowers depict
an intense
***yellow** streak.*

Palmi
Taureana
Veduta sul Tirreno / *View of the Tyrrhenian Sea*

Condofuri
Bergamotto / *Bergamot*

Luci e fiori **gialli**
rischiarano la notte
e confortano
il giorno
perché i paesi
non abbiano paure
almeno fino
alle loro albe
prossime venture.

Yellow *lights and flowers*
light up the night
and bring comfort
during the day
to ensure the towns
will be devoid of fears
till the dawn
of their next ventures.

Malvito

Morano Calabro

Nel cerchio **giallo**
c'è la sapienza
del mondo
elargita
in forma di speranza
per suggellare
il suo patto eterno
con le vite
degli uomini.

*The **yellow** circle
encloses the wisdom
bestowed on the world
in the form of hope
to seal its eternal pact
with man.*

Altomonte
Museo Civico / *Civic Museum*
Dipinto / *Painting*

Cosenza
Biblioteca Civica / *Civic Library*

Lungro, Cattedrale / Affresco
Cathedral / *Fresco*

ΜΡ
ΘΥ

nero

black

Il nero è il colore del lutto di sempre, uno stato d'animo che a volte non ha mai fine. Cui si fa l'abitudine, facendogli perdere il suo significato originario. È così che diventa un colore come tutti gli altri.

È il colore della notte, quando è lontana dai centri abitati e dalle luci forti di questa nostra civiltà che non sa più vedere né apprezzare le stelle.

È il colore del bitume e quindi delle vie di comunicazione, in questa terra spesso troppo strette e tortuose, ma che ti conducono sempre a destinazione.

È il colore che si alterna con il suo opposto in un vecchio film in bianco e nero; che col suo opposto si mischia a formare le varie tonalità di grigio, perché siano percepibili anche le sfumature.

È tutto questo il colore nero
e molto altro ancora...

Black has been the colour of mourning since the dawn of time, a feeling that sometimes never ends. Something we get used to, causing it to lose its original significance. And then it becomes just another colour.

It is the colour of the night, far from the cities and the blinding lights of our civilisation, which no longer sees and appreciates the stars.

It is the colour of tarmac, of the roads, often narrow and winding in this region, but that will nevertheless take you to your destination.

It is the colour that alternates with its opposite in old black and white films; that blends with its opposite to create various shades of grey for shades of meaning.

Black is all this
and so much more...

La **Calabria** ha saputo mantenere inalterata nel tempo una sua particolare "anima nera", non certo quella che ha assunto il significato di "cattiva", ma semplicemente sporcata, e solo in superficie, da un lavoro che trasforma la materia con un rito antico, in cui gli uomini non hanno paura del calore, del sudore, della polvere che li ricopre e li rende meno riconoscibili ai loro stessi compagni di ventura.

*Throughout history **Calabria** has maintained its "black soul"; black not in the sense of "evil", but simply in that of dirt from work that transforms matter through ancient rituals. Work for men who are not afraid of heat, sweat and the dust that conceals their identity even from their fellows.*

Serra San Bruno
Mani di carbonaio / *A coalman's hands*

Il **nero** del carbone
si espande nell'aria
e contamina
ciò con cui
entra in contatto
rendendo tutto
un suo simile.

The charcoal-burners'
black *smoke*
drifts across the sky,
blackening all it touches.

Serra San Bruno
Carbonai / *Charcoal-burners*

Gerace, Chiesa di San Francesco D'Assisi / Monaci Ortodossi
Church of San Francesco D'Assisi / Orthodox monks

Dal **nero** alla luce
un passaggio
che ci fa
vedere oltre
e cogliere
gli aspetti
più inattesi
del già visto.

Black *contrasts*
with light
to help us
see beyond
the obvious
and appreciate
new aspects
of familiar sights.

Reggio Calabria
Museo Archeologico / *Archaeological Museum*
Bronzi di Riace / *Riace Bronzes*

Cosenza
Cattedrale / *Cathedral*

Le scaglie **nere**
di un rettile
sono solo le tessere
di un mosaico
e le caselle
di una scacchiera
immaginaria.

*The **black** scales*
on a reptile
are simply the tiles
of a mosaic
or the black squares
on an imaginary
chess board.

San Demetrio Corone
Chiesa di Sant'Adriano / *Church of Sant'Adriano*
Pavimento musivo / *Mosaic floor*

Donne in **nero**
nel volto
e nelle vesti
lasciate da sole
a smaltire
il lutto
di una vita.

*Women dressed in **black***
with faces darkened
by the sun
left alone
in their widowhood
to a lifetime
of sorrows.

San Floro
Processione di San Floro
Procession of St Floro

Alessandria del Carretto
Processione di Sant'Alessandro
Procession of St Alexander

Tiriolo
Processione del Corpus Domini
Procession of Corpus Domini

Melito Porto Salvo
Rupe di Pentedattilo / *Cliff of Pentedattilo*

L'amaranto è il colore delle bacche di un arbusto di montagna che, raccolte a grappolo, sembrano spruzzi di vernice e rompono l'equilibrio di un monotono paesaggio invernale.

È il colore di un angolo di giardino, di solito quello più curato nelle sue finte geometrie che rimandano alla mano dell'uomo e al suo desiderio atavico di intrappolare la natura.

È il colore di una melagrana scalfita a punta di coltello, che gronda sangue come da una ferita e ti permette di raggiungere i suoi semi succosi, difficili da mangiare come tutte le cose più rare e preziose.

È il colore di una scritta sbiadita sul muro di una vecchia cantina, che riecheggia perduti modi di vivere o di sopravvivere.

È tutto questo il colore amaranto e molto altro ancora...

Crimson is the colour of a cluster of berries on a small bush on the mountainside, like a dash of paint breaking the monotony of the winter landscape with a splash of colour.

It is the colour of a corner in the garden, the prized corner, arranged in elegant geometrical shapes, a reminder of man's innate desire to tame nature.

It is the colour of a pomegranate pierced by a knife, with the juice flowing like blood from a wound allowing us to reach its hidden, juicy seeds, hard to eat like every rare and precious treat.

It is the colour of a faded sign on the wall of an old cellar, the echo of an old way of life and survival.

Crimson is all of this and so much more...

amaranto

crimson

Strongoli
Veduta delle campagne / *Countryside*

La **Calabria** non è il Texas con gli ampi spazi adatti a girare i mitici film western hollywoodiani, in cui si sfoderavano, oltre alle Colt, inquadrature in campo lungo o lunghissimo da mozzare il fiato; ma se ci si mette può anche provare a imitarlo, riuscendoci almeno in parte e ricreando atmosfere che, su quelle stesse pellicole, potrebbero agevolmente reggere il confronto.

Calabria *may not be Texas, with its sprawling plains where iconic western films have been shot, full of blazing guns and endless vistas; but it has proved an excellent substitute on a number of occasions, as the set for westerns able to compete with Hollywood's finest.*

Pampini d'uva
si tingono
d'**amaranto**
facendo presagire
il colore più scuro
e il sapore corposo
del vino che sarà.

The vine leaves
*turn **crimson,***
a promise
of the dark colour
and full bodied
flavour
of the wine
to come.

Valle del Savuto / *Savuto Valley*
Vigneto / *Vineyards*

Stalettì
Fiore dei capperi / *Caper flowers*

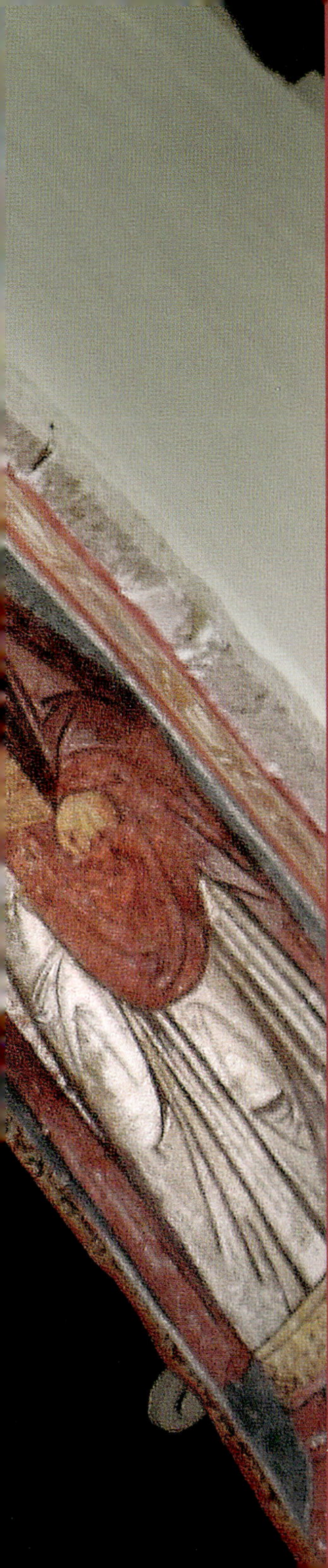

Marmi e affreschi
in odore di santità
con l'**amaranto**
a dominare
su colori più tenui
quasi
a voler confermare
la supremazia
del sacro.

Sacred marble and frescoes,
crimson *dominating*
over the lighter colours,
a confirmation of
the supremacy
of holiness.

Rossano Calabro
Museo Diocesano / *Diocesan Museum*
Tavola della Pietà / *Pietà*

San Demetrio Corone
Chiesa di Sant'Adriano / *Church of Sant'Adriano*

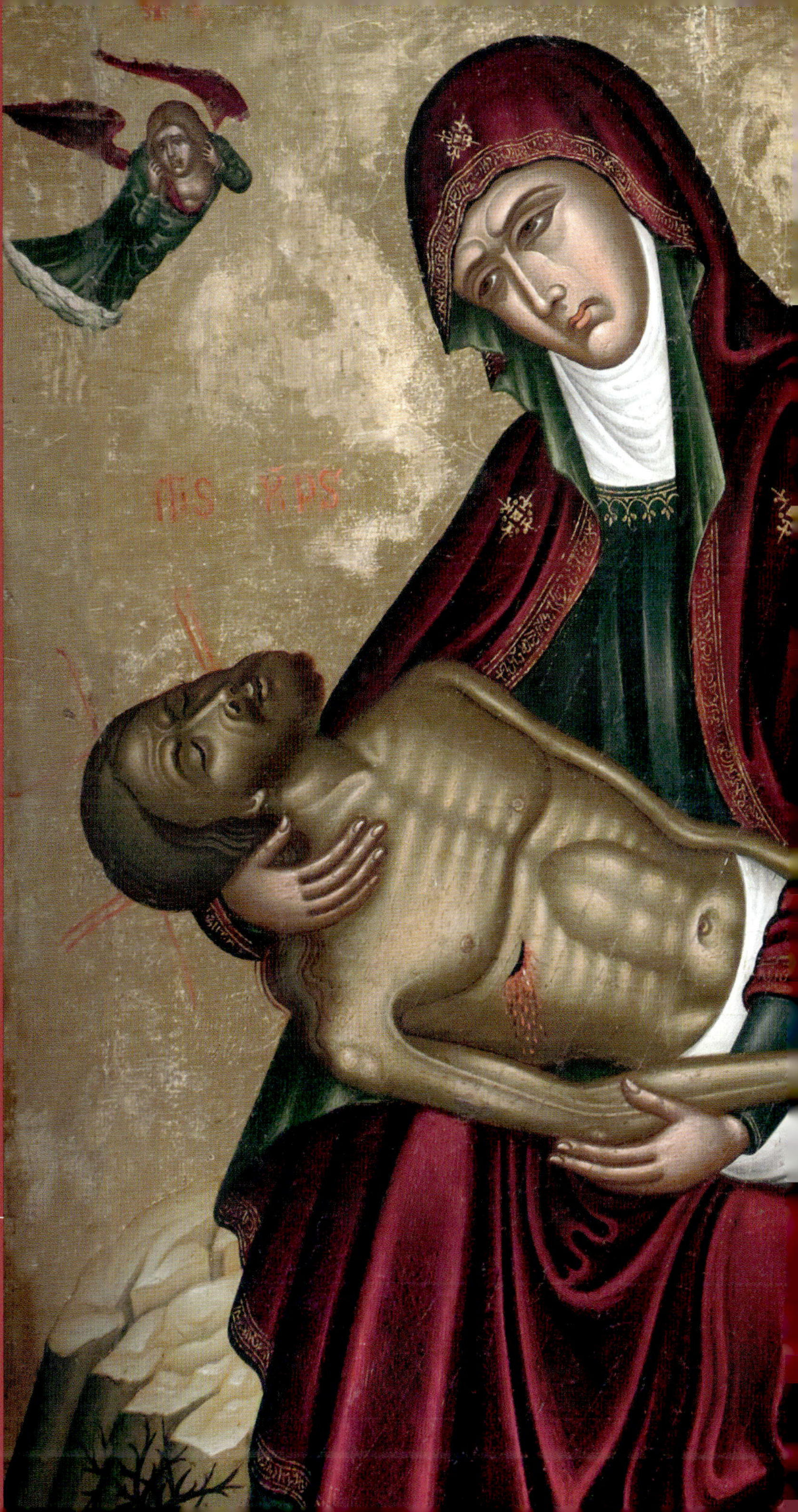

Corigliano-Rossano, Museo del Codex / Codex Purpureus Rossanensis
Codex Museum / Codex Purpureus Rossanensis

Orgogliose
nelle loro
vesti **amaranto**
le donne sfilano
alla continua ricerca
di quello sguardo
ammirato.

*A proud procession
of women
in their traditional*
crimson *costumes,
their glances
inviting admiration.*

Frascineto
Vallje / ***Vallje festival***

Dall'avvistamento
che richiede attenzione
al passaggio
che richiede azione
c'è tutta la venerazione
per il Santo
dalle vesti **amaranto**.

A rapt gaze
and joyous praise
greet the procession
of the saint
*in his **crimson** robe.*

Alessandria del Carretto
Festa di Sant'Alessandro / *Feast of St Alexander*

Carlopoli
Abbazia di Corazzo / *Abbey of Corazzo*

Il diavolo
e l'acqua santa
ripetevano
le nostre nonne
per marcare
una contrapposizione
o guardando
l'inquietante
figura **amaranto**
inevitabilmente
vinta dal bene.

The devil
and the holy water,
our grandmothers
used to say
to highlight a contrast
or when they saw
the unsettling figure
in ***crimson***
inevitably defeated
by good.

Belvedere Marittimo
Chiesa del Santissimo Crocefisso
Church of Santissimo Crocefisso

Verzino
Chiesa Madre / *Mother Church*

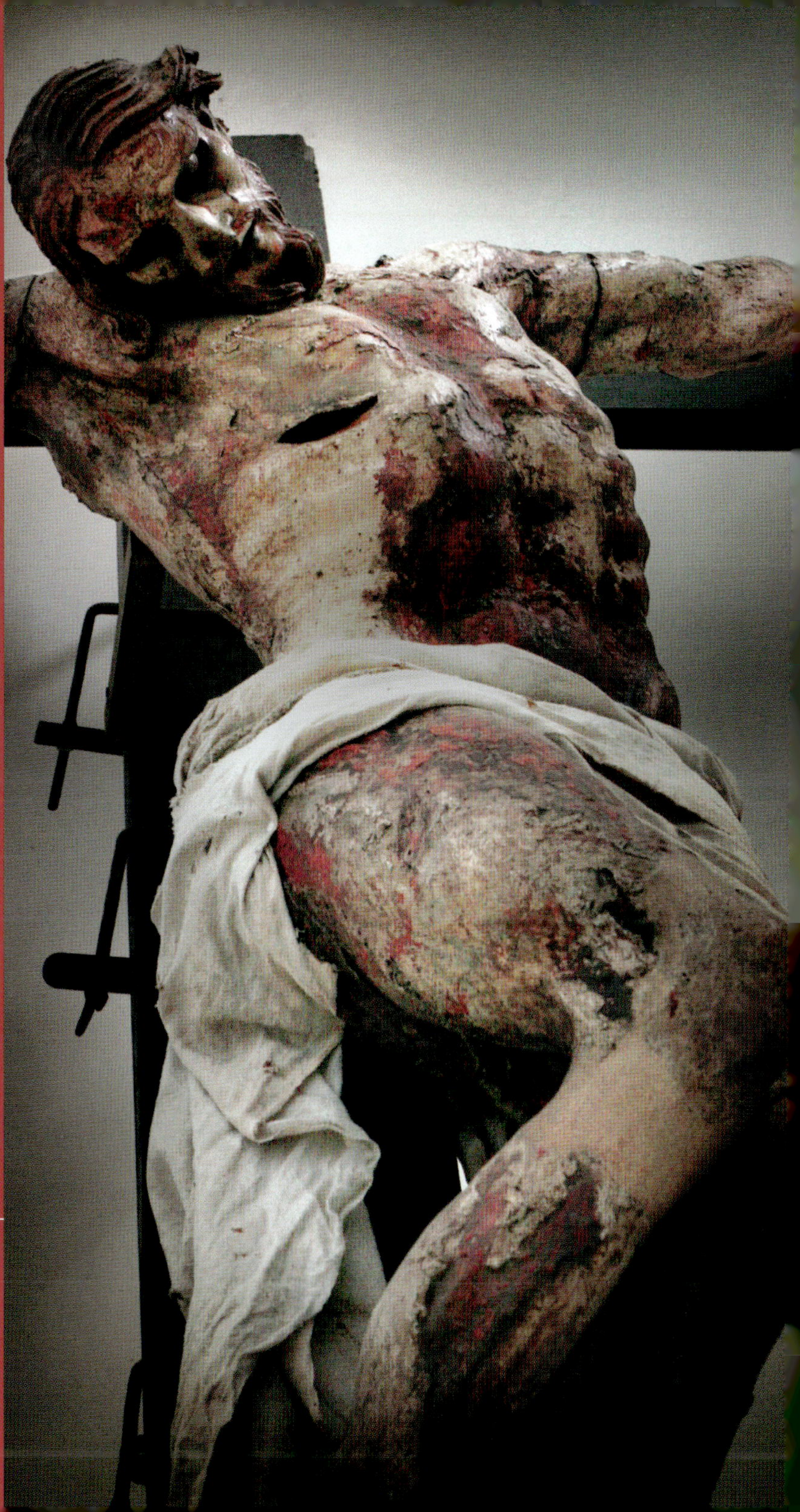

Cipolle
dai toni **amaranto**
fanno
bella mostra di sé
sulle stradine
dei turisti
e nelle cucine
degli chef
di mezzo mondo.

Crimson *onions*
are showcased
in the alleyways
for the benefit
of tourists
and in the kitchens
of world-renowned chefs.

Curinga
Melagrana / *Pomegranate*

Tropea
Centro storico / *Old Town*
Cipolla Rossa di Tropea / *Red Tropea Onions*

ITALIANA

L'acqua che sgorga
dalla fonte **amaranto**
la ritroviamo
nei tessuti colorati
e impreziositi
da segni geometrici
però interrotti
da sorprendenti onde.

Water flows from
*a **crimson** spring,*
echoed in colourful fabrics
embellished by
geometrical shapes
softened by
unexpected waves.

Francavilla Angitola
Fontana / *Fountain*

San Luca
Tessuti tradizionali / *Traditional cloths*

Altomonte
Pescheto / *Peach trees*

grigio
grey

Il grigio è il colore della pioggia che cade su strade d'asfalto e sceglie ogni volta un suo ritmo diverso, a seconda delle stagioni e forse degli umori di chi è destinato ad accoglierla.

È il colore di una moneta antica, ritrovata per caso nel cassetto dei nonni, che ha impressa un'effigie che da quotidianità è diventata storia.

È il colore di una pietra che un artista ha appena cominciato a scolpire, abbozzando forme che al momento esistono solo nella sua immaginazione.

È il colore dei capelli quando cominciano a imbiancare, preannunciando la vecchiaia, l'età un tempo bene accolta perché indice di saggezza.

È tutto questo il colore grigio
e molto altro ancora...

Grey is the colour of the rain falling on asphalt roads, each time with a different rhythm, depending on the season or the mood of the wayfarers.

It is the colour of an old coin, found by chance in a grandparent's drawer, which bears an effigy that went from being mundane to being part of history.

It is the colour of the stone a sculptor has just started working on, outlining the shapes that for now only exist in his mind.

It is the colour of our hair as we age, marking the passing of time, welcomed once upon a time as a sign of wisdom.

Grey is all of this
and so much more...

Serra San Bruno
Certosa / *Charterhouse*

La **Calabria** è come un racconto antico che rivela un'altra storia e un altro possibile sviluppo delle vicende umane. Qualcosa che non è stato, ma che risiede ancora nei cromosomi di un popolo eroico, soprattutto nel suo saper stare spesso tra gli ultimi, ma con l'orgoglio e la dignità che solo un passato glorioso può trasmettere alle generazioni successive.

***Calabria** is like some ancient tale-within-a-tale, a nostalgic maze of alternative histories and might-have-beens. Something that perhaps never happened, but whose potential still lies deep in the DNA of this heroic population, notable for their grace as they accept a humble fate with a pride and dignity that only a glorious past can impart to future generations.*

Una rocca
pressoché inespugnabile
eretta su bastioni
di pietra **grigia**
al riparo
da sbarchi saraceni
che si perpetuano
solo nella memoria.

An impregnable
stronghold
*built on solid **grey** rock*
shielded from
the Saracen raids
that still have
a place in local folklore.

Roseto Capo Spulico
Castello Federiciano / *Federician castle*

Rogliano
Portale in pietra / *Stone portal*

Cosenza, Cattedrale / Sarcofago di Meleagro
Cathedral / Sarcophagus of Meleager

Saettano veloci
nell'acqua
i pesci **grigi**
che i pescatori
chiamano aguglie
prima
di essere pescati
e brillare al sole
come trofei
d'argento.

*The **grey** fish,*
that the fishermen
call needlefish,
dart through the water
before being caught
and shining in the sun
like silver trophies.

Africo
Capo Bruzzano

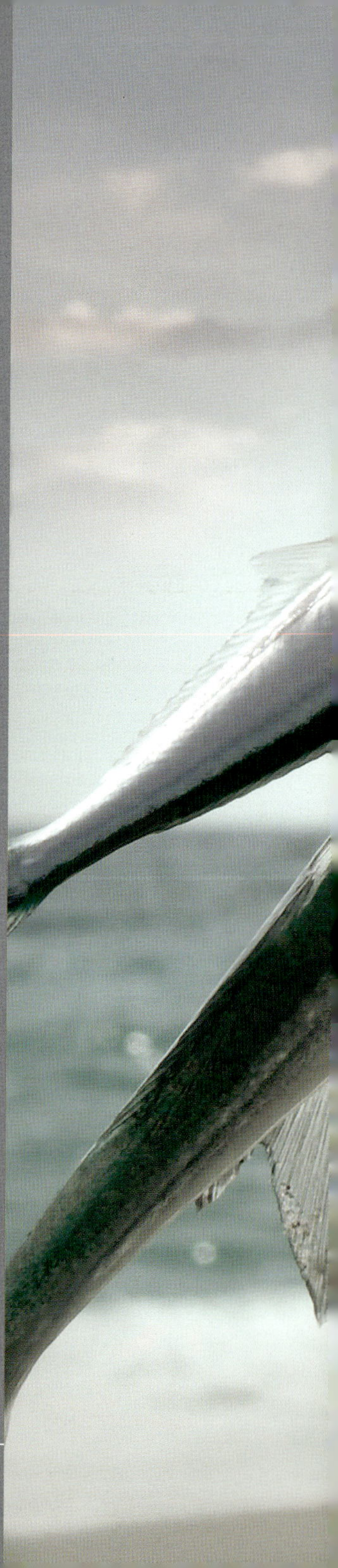

Catanzaro Lido
Pesce azzurro / *Oily fish*

Diamante
Antica Cirella / *Ruins of Cirella*

Alberi spogli
si ergono
da un terreno
misto d'erba
e di neve
e fanno da contrasto
a un cielo **grigio**
quasi plumbeo
con i loro rami
comunque protesi
in cerca di luce.

Naked trees
rise stark amidst grass
and snow to contrast
a ***grey*** *sky as dark as lead,*
their branches
stretching towards
the light.

Soveria Mannelli
Castagni / *Chestnut trees*

Dietro
la facciata **grigia**
di una cattedrale
sono ospitati
i colori della fede
a partire
da una statua
che dall'alto
interpreta
i pensieri
di chi si ferma
o passa oltre.

*The **grey** facade*
of a cathedral
cloaks
the colours of faith,
while a grey
graven image
presides over
the thoughts
of passersby.

Filadelfia
Balcone barocco / *Baroque balcony*

Montalto Uffugo
Santuario della Madonna della Serra
Sanctuary of Madonna della Serra

Palmi
Grotte di Pignarelle / *Pignarelle cave*

Dagli affreschi
scrostati
vari toni di **grigio**
fanno emergere
gli stati d'animo
delle figure
senza nascondere
neppure
un mezzo sorriso
ammiccante.

Shades of ***grey***
portray the feelings
of the figures
in faded frescoes,
highlighting
their half-hidden smiles.

Papasidero
Chiesa di Santa Sofia / *Church of Santa Sofia*
Affreschi / *Frescoes*

Altomonte
Chiesa di Santa Maria della Consolazione
Church of Santa Maria della Consolazione

I cammini
di un passato
meno remoto
di quanto sembri
si coprono
di un **grigio**
che pure consunto
dal tempo
si staglia
con tutta la forza
trainante
di una coppia
di buoi.

The paths of a past
that is not as remote
as it seems
*are covered in **grey***
that despite
the wear of time
stands out
like a strong couple
of oxen.

Bruzzano Zeffirio
Vecchio centro storico / *Old town*

Serra San Bruno
Buoi da traino / *Oxen*

San Luca
Fiumara Bonamico / *Bonamico Torrent*

marrone
brown

Il marrone è il colore di un relitto depositato dalle correnti sul bagnasciuga, del suo legno reso fradicio dalla lunga permanenza in mare e finalmente asciugato da un sole pietoso.

È il colore della crosta di un pane caldo e ben cotto, che può confondersi a volte con quello della terra, nelle zone più aride e assolate, ma il profumo non è mai lo stesso e la terra non si può mangiare.

È il colore del vestito abituale del contadino o trasgressivo d'alta moda, dal taglio impeccabile, ma indossati entrambi con lo stesso disinvolto orgoglio.

È il colore del tronco di un ulivo secolare che si è contorto, adattandosi all'ambiente circostante, nel suo sforzo di continuare a dare buoni frutti.

È tutto questo il colore marrone
e molto altro ancora...

Brown is the colour of a shipwreck washed up on a beach by the currents, its wood darkened by the long underwater journey and finally drying under the rays of a compassionate sun.

It is the colour of the crust of a newly-baked loaf of bread, which could be confused with the colour of the earth, in the drier and hotter areas, but of course it doesn't smell the same and we cannot eat earth.

It is the colour of a farm labourer's workaday clothes or of a transgressive haute couture outfit, impeccably cut, both worn with the same nonchalant pride.

It is the colour of a centuries-old olive tree which has grown twisted and bent to adapt to its environment and keep producing good fruit.

Brown is all of this
and so much more...

Parco Nazionale del Pollino / *Pollino National Park*
Faggeta in autunno / *Beech wood in autumn*

La **Calabria** sa di poter riservare delle incredibili sorprese, anche con le sue cose apparentemente più semplici e banali. Però si tratta di un dono destinato solo a coloro che sono disposti a osservarla con occhi capaci di coglierne gli aspetti più inusuali, il non visto e perfino il mai vissuto.

***Calabria** can reserve surprises, even in its simple, everyday things. A gift solely for careful observers able to appreciate the unusual, the unseen and the unknown.*

Il profilo greco
ricercato dai curiosi
nei volti calabresi
è più frequente
nelle pietre **marroni**
fissato
in molte delle forme
ereditate dal passato.

*The Greek profile
that many
expect to find
in the Calabrian faces
is more common
in the **brown** stones,
established in the lines
inherited from the past.*

Crotone
Museo Archeologico / *Archaeological Museum*

San Marco Argentano
Cripta della Cattedrale / *Cathedral crypt*

Colonne **marroni**
sembrano dover sostenere
tutto il peso
dei cieli soprastanti
e ribadire il coraggio
dell'ingegno umano
che le ha sapute immaginare
ancor prima che costruire.

***Brown** columns*
appear to sustain
the weight
of the skies,
a reminder of the courage
and ingenuity
of the civilisation
that conceived them.

Mongiana
Ferriere / *Ironworks*

Amendolara
Castello / *Castle*

Le curve insinuanti
create a colpi
di scalpello o pennello
fino a un albero
sullo sfondo
dipinto con
lo stesso **marrone**
delle ali degli angeli
quasi a voler rafforzare
il legame
tra divino e terreno.

Enticing curves,
chiselled or painted,
extend to a tree
in the background
which reflects
the same ***brown***
of the angels' wings,
a reminder
of the link heaven
and earth.

Altomonte
Chiesa di Santa Maria della Consolazione
Church of Santa Maria della Consolazione

Reggio Calabria
Pinacoteca Civica / *Civic Art Gallery*
Opera di Antonello da Messina
A masterpiece by Antonello da Messina

Mani sapienti
intagliano
e modellano
un legno **marrone**
per farne oggetti
che emetteranno
dei suoni
o saranno
semplicemente
belli da vedere.

Skilful hands
carve and mould
***brown** wood*
to create objects
that will play music
or merely delight us
with their beauty.

Bisignano
Liutaio / *Lute-maker*

Benestare
Artigianato tipico / *Local craftsmanship*

Aspromonte
Strumento a fiato / *Woodwinds*

Serra San Bruno, Certosa / Interno
Charterhouse / Interiors

Nelle distese
di terra **marrone**
a volte predisposte
per la semina
e a volte destinate
al pascolo
si raggruma
la vitalità
della natura.

The vast expanses
*of **brown** fields,*
some ready for sowing,
others for pasture,
contain the vitality
of nature.

Palmi
Casa della Cultura / *House of Culture*
Conocchie / *Distaffs*

Catanzaro
Cavalli al pascolo / *Horses grazing*

Parco Nazionale della Sila / *Sila National Park*
Ciricilla

Buone sorprese
che nei boschi
macchiano
di un **marrone**
più scuro
quello della terra
e che sulle tavole
diventano cibo
per il corpo
e per l'anima.

Delightful surprises
dot the forests,
standing out with
a darker ***brown***
than the surrounding soil.
Food for body and soul.

Tiriolo
Pratora
Contadina calabrese / *Calabrian peasant*

Corigliano-Rossano
Liquirizia / *Liquorice*

San Pietro Apostolo
Castagne / *Chestnuts*

Stilo, La Cattolica / Affresco
La Cattolica / Fresco

verde

green

Il verde è il colore della frutta non ancora matura, che porta in sé tutte le premesse cromatiche e le promesse di sapore che diventeranno presto realtà.

È il colore della casa che attira di più lo sguardo e si fa notare tra tutte le altre, quando si osserva un paese da lontano.

È il colore di certi insetti che ti sorprendono sbucando da dietro un filo d'erba o una foglia, che li avevano mimetizzati fino a un attimo prima.

È il colore degli alberi di un bosco fitto, con alcuni di loro che spiccano tra gli altri e si ergono come pinnacoli di una cattedrale.

È tutto questo il colore verde
e molto altro ancora...

Green is the colour of fruit before it ripens, a harbinger of the promise of colour and flavour that will soon become reality.

It is the colour of the most eye-catching house in neighbourhood, when observed from a faraway town.

It is the colour of those insects that surprise us by appearing from behind a blade of grass or a leaf, which had concealed them up until a moment before.

It is the colour of the trees in the deepest forest, some of which stand out above the others like the pinnacles of a cathedral.

Green is all of this
and so much more...

Monte Poro
Pascolo / *Grazing land*

La **Calabria** non dispone di grandi distese pianeggianti ed è quindi costretta a sfruttare le sue risorse naturali nel migliore dei modi; cioè con l'amore e la dedizione che richiede una terra aspra e dura da trattare, che non darà mai grandi ricchezze, ma che può assicurare sempre qualcosa di molto più importante: il necessario per vivere e non sopravvivere.

*Since **Calabria** lacks fertile plains it is forced to use the resources it has; with all the love and dedication needed for a harsh, unyielding land, a land which will never make you rich, but will always guarantee something vital: the necessary fruits to live and not simply survive.*

I cedri **verdi**
raccolti anche
dai rabbini
che ogni anno
arrivano da lontano
e poi tornano lontano
a perpetuare
i loro antichi riti sacri.

This land's famed
***green** citrons*
even attract Rabbis
from faraway lands,
who return here
every year
to pick the fruits
for their ancient rites.

Il muschio **verde**
fa da protezione
all'antico palmento
dove l'uva
si trasformava in vino
in quel piccolo miracolo
che si ripete
dalla notte dei tempi.

Green *moss protects*
the ancient rock-hewn basin
where grapes used
to be pressed for wine,
in a miracle
reiterated since
the dawn of time.

Tarsia
Vigneto / *Vineyard*

Ferruzzano
Palmento medievale in pietra
Medieval millstone

Borgia, Parco Archeologico di Scolacium / Anfiteatro romano
Scolacium Archaeological Park / Roman amphitheatre

Il dono
dei frutti **verdi**
della terra
è ancora oggi
un rito
che non ha eguali
e che rende
allo stesso modo
felice
chi lo fa
e chi lo riceve.

The gift
of the earth's
***green** fruits*
is a ritual
that to this day
has no equal,
bringing joy
to donor
and recipient alike.

Valle del Corace / *Corace Valley*
Fave / *Broad beans*

Aspromonte
Origano / *Oregano*

Santa Caterina dello Ionio
Uliveto / *Olive grove*

Catanzaro
Veduta da Germaneto / *View from Germaneto*

Le ceramiche
che brillano
di un **verde** smeraldo
sembrano
piccole opere d'arte
e sono invece
più modestamente
grandi opere
d'artigianato.

The shining ceramics
in emerald ***green***
look like tiny masterpieces
but are more modestly
the great works
of an artisan.

Bova
Processione delle Palme
Procession of Palm Sunday
Le pupazze / *The "pupazze"*

Seminara
Ceramiche / *Pottery*

Il picco
di un monte
costeggiato
di **verde**
più alto
del punto più alto
del paese
è come una porta
chiusa
sull'orizzonte
che non si potrà
mai aprire.

The peak
*of a **green**-clad mountain*
rears up above
a hillside village,
like a door
closed on a permanently
concealed horizon.

Laino Castello
Centro storico / *Old town*

Nardodipace
Centro storico / *Old town*

Parco Nazionale dell'Aspromonte / *Aspromonte National Park*

Un tunnel
fatto di fronde
verdi e rigogliose
protegge il viaggio
di quegli intrepidi
che discendono
un corso d'acqua
per il resto
turbinoso.

A tunnel
of leafy ***green*** *branches*
protects the passage
of intrepid adventurers
descending
a swirling river.

Valle del Crati / *Crati Valley*

Papasidero
Fiume Lao / *Lao River*
Rafting

Parco Regionale delle Serre / Bosco di Santa Maria
Serre Regional Park / Wood of Santa Maria

Ocra

ochre

L'ocra è il colore della terra bagnata, pronta a promettere buoni raccolti ai contadini che sanno come amarla e curarla per fare in modo che non sia mai troppo o troppo poco sfruttata.

È il colore prevalente di uno schizzo d'artista, buttato giù su un cartoncino pesante e lasciato a decantare fino a quando l'idea non raggiunge la giusta maturazione e prende forma in un gesto definitivo.

È il colore di un cesto di vimini, frutto di un complicato meccanismo di intrecci, del lavorio di mani esperte che piegano la materia al proprio volere.

È il colore delle venature del marmo di un altare che si prestano alle più incredibili interpretazioni, come se non fosse stato il caso a decidere i segni che tracciano sulla superficie levigata.

È tutto questo il colore ocra
e molto altro ancora...

Ochre is the colour of wet soil, promising a good harvest to the farmers who know how to love and tend it and make sure it yields its due without exhausting its reserves.

It is the prevailing colour in an artist's sketch, outlined on thick card and left to settle until the idea matures and takes shape in decisive gestures.

It is the colour of a wicker basket, the result of a complex sequence of twines, the work of expert hands that mould the material to their will.

It is the colour of the veining on a marble altar in which everyone spies a myriad of different things, as if those traces on the polished surface were the fruit of careful planning.

Ochre is all of this
nd so much more...

Bianco
Antica Pardesca / *Ruins of Pardesca*

La **Calabria** è magia, come quando la fata Morgana scende nei deserti del mondo per ingannare con i suoi miraggi i viandanti più sfortunati. Qui, si limita a illuminare un paese abbandonato che di per sé è già un miraggio, meraviglioso e desiderabile, come un'oasi per l'assetato.

***Calabria** is magical, like the will-o'-the-wisp in the desert, luring unwary travellers with mirages. Here it simply lights up an abandoned village, which is in itself an illusion, a wonderful, desirable illusion, like an oasis in a desert.*

Case appese
su uno strapiombo
di roccia **ocra**
che fa valere
il suo giusto
predominio
sul mondo
degli uomini.

*Houses hanging
onto a cliff
of* ***ochre*** *rock
which exerts its
rightful dominance
on the world of men.*

Gerace
Centro storico / *Old town*

Calanna
Tafoni / *The "Tafoni"*

Nei volti impressi
in antiche
terrecotte **ocra**
possiamo riconoscere
i nostri stessi tratti
e trovare facilmente
un punto d'incontro
tra passato e presente.

We can recognise
our features
in the ancient
***ochre** terracotta statues*
where we find
a juncture between
the present and the past.

Monasterace
Museo Archeologico / *Archaeological Museum*

Una forma astratta
o realistica
su fondo **ocra**
può racchiudere
la storia
della specie umana
dagli eventi
più tragici
a quelli che più
la riscattano
dal male.

An abstract
or realistic silhouette
against an ***ochre***
background
can hold
the history of mankind
from its most tragic
to its most
redeeming events.

Locri
Museo Archeologico / *Archaeological Museum*
Pinakes / *Pinakes*

Roghudi
Roccia del Drago / *Dragon's Rock*

Guardavalle
Calanchi / *Badlands*

Torri e colonne **ocra**
sono segni distintivi
di una terra
che rischiava
quotidianamente
le invasioni
dal mare
e per questo
era solita
affidarsi agli dei.

***Ochre** towers
and columns
are a distinctive feature
of a land
that constantly
feared invasions
from the sea
and therefore
relied heavily
on the gods
for protection.*

Caccuri
Castello / *Castle*

Crotone
Tempio di Hera Lacinia / *Temple of Hera Lacinia*

Lo scalpello
degli artisti
ha lavorato
i marmi **ocra**
per ricondurli
alle forme
che la materia
apparentemente inerte
aveva già intenzione
di rivelare.

The artist's chisel
has moulded
the ***ochre*** *marble*
to reveal the shape
concealed within
the unyielding stone.

Polistena
Chiesa Madre / *Mother Church*
Deposizione / *Deposition*

Cosenza
Duomo
Monumento a Isabella d'Aragona
Monument to Isabel of Aragon

Reggio Calabria
Museo Nazionale / *National Museum*
Dioscuri

Maida
Uliveto secolare / *Century-old olive tree*

Segni lasciati
su una roccia
dal tempo
o su una pietra **ocra**
da mano d'uomo
inconsapevole
delle proprie
potenzialità
e del proprio futuro
in chiaroscuro.

The marks of time
on a rock
or on an ***ochre*** *stone*
carved by the hand of man
still unaware of
his potential
and the future fluctuations
of fortune.

Campana
Rocce dell'Incavallicata
Rocks of "Incavallicata"

Papasidero
Grotta del Romito / *Romito cave*
Bos Primigenius

Ciò che altrove
ha scolpito l'Uomo
in una roccia color **ocra**
con un rapido atto creativo
è in continua competizione
con quello che nei secoli
è riuscita a plasmare
la natura.

What man has carved
into ***ochre*** *stone*
in a moment of creativity
is constantly competing
with what nature has created
over the centuries.

Papasidero
Grotta del Romito / *Romito cave*

Santa Severina
Castello / *Castle*

L'azzurro è il colore della Terra vista dallo spazio: "il pianeta azzurro", come ci hanno detto subito, con lo stupore negli occhi e nella voce, i primi astronauti della storia.

È il colore di un vestito di donna leggero, che in estate asseconda ogni suo movimento e risponde con una piega effimera a ogni alito di vento.

È il colore del fascio di luce che più di tutti induce alla riflessione, tra quelli che filtrano dalla vetrata di una chiesa.

È il colore di quella nuvolaglia che a volte, tra il giorno e la sera, si raggruma all'orizzonte e non permette di vedere oltre.

È tutto questo il colore azzurro e molto altro ancora...

Sky blue is the colour of the Earth seen from space: "The sky blue planet" the first astronauts dubbed it, with wonder in their eyes and voices.

It is the colour of a woman's sundress, which sways as she moves and is moulded to her body in the light summer breeze.

It is the colour of a revelation, a single ray of light shining through the glazed windows of a church that assumes its own significance.

It is the colour of the clouds that on some evenings form a cluster on the horizon, blocking our view of the world beyond.

Sky blue is all of this and so much more...

azzurro
sky blue

La **Calabria** ama specchiarsi nei colori dei suoi mari e del suo cielo, per apparire ancora più bella di quello che è nella realtà: a volte trasfigurata da improbabili opere dell'uomo e altre volte da piccole vendette che la natura consuma ai suoi danni. Però resiste e la sua immagine riflessa lascia sempre senza fiato chi riesce a guardarla.

Calabria *loves to bask in the stunning colours of its seas and skies, appearing even more beautiful than it actually is. Here, it has been transformed by man's dubious creations, there, by nature's minor revenge. But it resists regardless and its reflection leaves all who behold it speechless.*

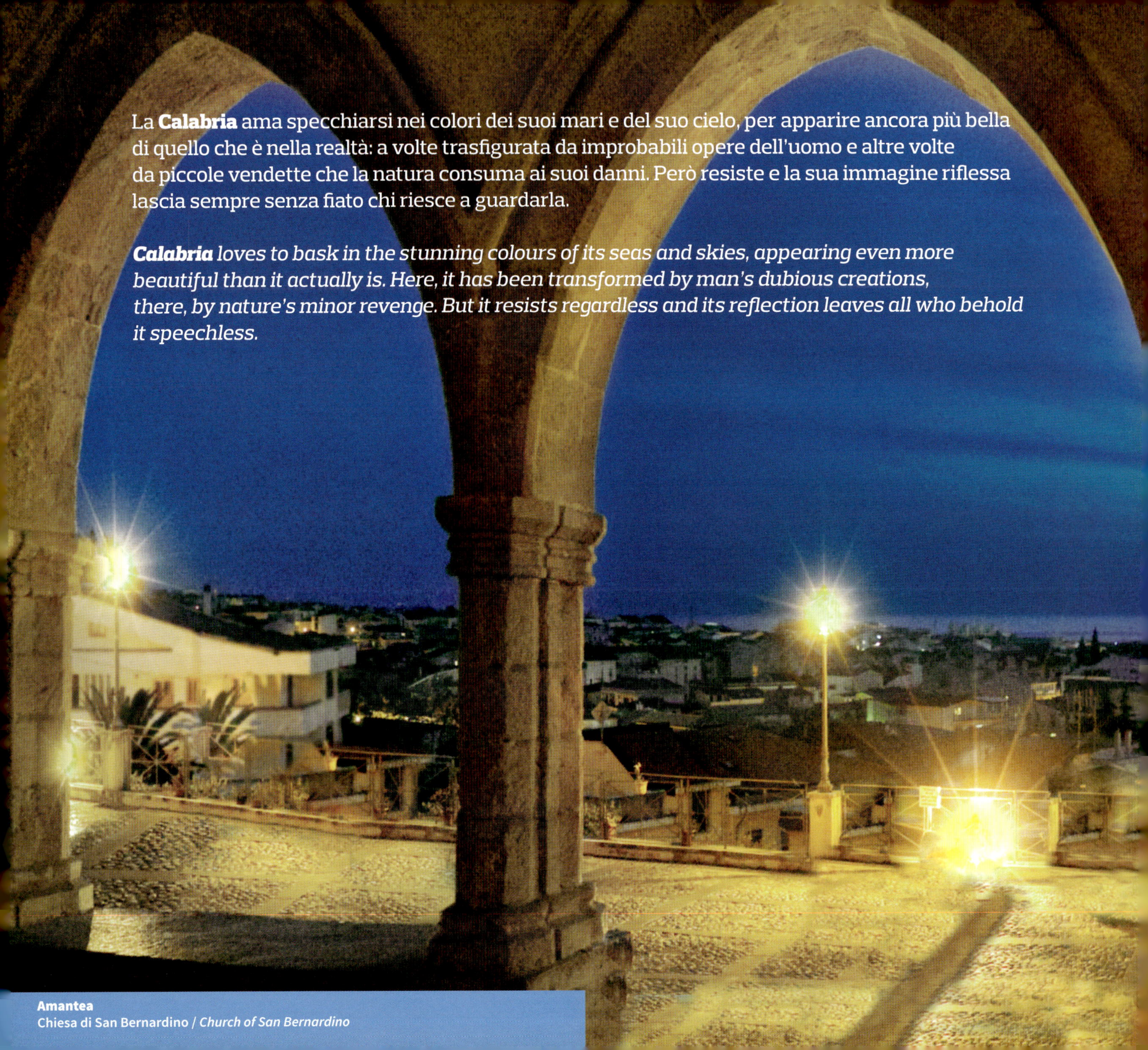

Amantea
Chiesa di San Bernardino / *Church of San Bernardino*

L'**azzurro** nei dipinti
come le acque placide
o i cieli sgombri di nubi
induce sempre
alla serenità
e al pensiero positivo.

In paintings
*the **sky blue***
of placid waters
or a clear sky
always has a
calming effect
and inspires
positive thoughts.

Santa Severina
Castello / *Castle*
Affresco / *Fresco*

Catanzaro
Museo MARCA / *Museo MARCA*
Dipinto / *Painting*

Vibo Marina
Porto / *Port*

Un incrocio magico
tra la nave cargo
e una spadara
che cerca le sue prede
nell'**azzurra** distesa
giocando
il gioco antico
della sopravvivenza.

*A magical encounter
between a cargo ship
and a swordfish net
in search of its prey
in the **sky blue**
of the sea
playing an
ancient game
of survival.*

Costa Viola
Spadara e nave cargo
A swordfish net and a cargo ship

Serra San Bruno
Processione dell'Assunta / *Procession of the Assumption*

6BC 303

Barche da pesca
hanno avuto l'ardire
di riprodurre
l'**azzurro** del mare
con il quale restano
in attesa di fondersi
per lasciare ancora
un'altra scia.

Fishing boats
decked out in the sea's
own ***sky blue***
wait to be launched back
into the Mediterranean.

Scilla
Chianalea
Barche da pesca / *Fishing boats*

Il genio di un artista
ha creato
una relazione
inesplorata
tra la terra
e l'**azzurro** del cielo
attraversato da nuvole
che hanno bisogno
di essere misurate
con il metro
dell'umanità.

An artistic genius
has forged
an uncharted relationship
between the earth
*and the **blue sky***
marred by clouds
that must be measured
with the yardstick
of humanity.

Catanzaro
MARCA Open
Jan Fabre, L'uomo che misura le nuvole
Jan Fabre, The Man Who Measures the Clouds

Costa Viola

Lungro, Cattedrale / Affresco
Cathedral / Fresco

rosso
red

Il rosso è il colore delle foglie di acero in autunno, quando esplodono qua e là nei boschi ingialliti come un fuoco d'artificio, inatteso e sorprendente nel buio della notte.

È il colore dei tizzoni ardenti in un camino contadino che riscaldano mani provate dalla fatica del giorno appena trascorso e pronte a rimettersi in movimento in quello successivo, che cuociono la cena semplice col tepore del tempo.

È il colore di un sole al tramonto, che accende l'orizzonte e trasfigura il paesaggio, consegnando agli occhi di chi lo guarda quella stessa percezione che accompagna l'umanità fin dal primo giorno in cui un organismo senziente ha avuto la consapevolezza di essere meno scimmia e più uomo.

È il colore dei mattoni che riaffiorano dalle ferite di un intonaco sbrecciato dal tempo e dalle intemperie, delle tegole che formano disegni asimmetrici nei tetti di paesi arroccati su un'altura o distesi in una pianura.

È tutto questo il colore rosso e molto altro ancora...

Red is the colour of maple trees in the autumn, when they explode here and there in the yellow forests like a firework unexpectedly lighting up the night.

It is the colour of the burning embers in a farmer's fireplace which warm tired hands after a long day of work, ready to start again the next day, cooking a simple dinner with their warmth.

It is the colour of the setting sun, flaming on the horizon and transforming the world, a reminder of that singular feeling that has haunted humanity since the first rational being experienced a moment of awareness.

It is the colour of the bricks emerging from under the plaster chipped by time and the elements, and of the tiles which form asymmetrical patterns on the roofs of houses in towns perched on the side of a mountain or sprawled out in a valley.

Red is all of this and so much more...

La **Calabria** predilige come suo ornamento le cose che hanno i colori più intensi e più accesi, a partire da ciò che offre benevolmente una natura spesso definita aspra o selvaggia, ma che sa donare esattamente ciò che serve a questa terra per essere quella che è: un lembo di mondo che non può esistere altrove.

***Calabria** loves everything colourful and vibrant, starting from the fruits offered by a benevolent nature in a land often characterised as harsh and wild, but which wisely husbands resources to make this region unique.*

Parco Nazionale del Pollino / *Pollino National Park*
Bacche di Rosa Canina / *Rose hips*

Indice estremo
di calabresità
l'eccedere
con il sapore
piccante
del peperoncino **rosso**.

Nothing is as
indicative
of Calabrian roots
as the excessive use
*of spicy **red** pepper.*

Diamante
Peperoncini di Calabria / *Calabrian red peppers*

Nel **rosso** simbolico
delle processioni
che riecheggiano
la morte del Cristo
c'è il tormento
dell'Uomo
per la sua scelta
sbagliata.

The symbolic use of ***red***
in processions
that commemorate
Christ's death
encapsulate
man's torment
for his
regrettable choice.

Petilia Policastro
Processione della Santa Spina
Procession of the Holy Thorn

Taverna
Riti della Settimana Santa / ***Holy Week Rites***

Catanzaro
Riti della Settimana Santa 'A Naca
Holy Week Rites 'A Naca

Papaveri **rossi**
punteggiano prati
e colline pettinate
dal vento
a cui viene concesso
nella bella stagione
di soffiare leggero.

Red *poppies*
dot the fields
and the hills
caressed by the wind
that blows gently during
the warmer months.

Riace
Costa ionica / *Ionian coast*

La storia che si ripete
dalle icone alla realtà
riproduce
gli stessi simboli **rossi**
che creano
disegni ipnotici
sulle vesti dei sacerdoti.

History repeats itself,
with the same ***red*** *symbols*
forming hypnotic patterns
on the priests' robes
in art and reality.

Gerace
Chiesa di San Giovannello
Church of San Giovannello
Rito ortodosso / *Orthodox rite*

Lungro
Cattedrale / *Cathedral*
Affresco / *Fresco*

Catanzaro, Museo MARCA / Dipinto di Andrea Cefaly
MARCA Museum / Painting by Andrea Cefaly

In quel **rosso**
che vorrebbe
riavvicinare l'umano
alla passione di Cristo
c'è tutta l'irrazionalità
e il pentimento
del mondo.

*The shade of **red***
that hopes to
reconcile humanity
with the passion of Christ
encapsulates the world's
irrationality and regret.

Nocera Terinese
Riti della Settimana Santa / *Holy Week Rites*
Vattienti / *The "Vattienti"*

San Giovanni in Fiore
Chiesa Madre / *Mother Church*
Crocifisso ligneo / *Wooden Crucifix*

Vestiti di donne
vistosi
per tradizione
privilegiano il **rosso**
e gli intrecci
complicati
di ricami
e vecchi merletti.

Red *dominates*
the traditionally flamboyant
garb of the women
with their
sophisticated patterns
and stunning vintage lace.

Civita
Vallje / *Vallje festival*
Costumi albanesi / *Albanian costumes*

Santa Sofia d'Epiro
Costumi albanesi / *Albanian costumes*

Cropani
Campo di grano / *Wheat field*

In apertura di ogni capitolo/colore, i particolari estrapolati dalle celebri stampe del Saint-Non*, arricchiscono questo ideale magazzino iconografico, con lo sguardo però rivolto al passato.

The details extrapolated from the famous Saint Non prints open each chapter/colour, enriching this iconographic collection, with an eye to the past.*

* Jean-Claude Richard de Saint-Non, Voyage pittoresque à Naples et en Sicile, Dufour & C., Chaillou-Potrelle, 1829.